Die vorliegende Übersetzung ist meinem geliebten Ehemann, dem Dolmetscher und Übersetzer, Homme des Lettres und Bukowskifan der ersten Stunde, Bernardo Ghionda (29. Juli 1954 – 15. Juli 2015) gewidmet. Danke für Deine Inspiration, Deine wertvollen Denkanstöße, genialen Geistesblitze und passenden Wörter, ohne die diese Übersetzung nicht die wäre, die sie ist. Leider konntest Du die Veröffentlichung dieses Buches nicht mehr erleben, aber ich weiß, dass Du großen Spaß daran gehabt hättest.

Sempre grata, con infinito amore
Deine Esther

und natürlich in Erinnerung an meinen lieben Freund Carl Weissner (19. Juni 1940 – 24. Januar 2012), den besten Bukowski-Übersetzer aller Zeiten.

Charles Bukowski

Alle reden zu viel
und andere Gedichte

Deutsch von Esther Ghionda-Breger

MaroVerlag

Die amerikanische Originalausgabe erschien 1986 bei
Black Sparrow Press, Santa Rosa, unter dem Titel:
You Get So Alone at Times That It Just Makes Sense
© 1986 by Charles Bukowski
Diese Ausgabe (Auswahl) erscheint mit freundlicher
Genehmigung von Ecco, einem Imprint von
HarperCollins Publishers, New York

Deutsche Erstveröffentlichung
© 2015 MaroVerlag, Augsburg

Umschlag: Rotraut Susanne Berner
Druck: AZ Druck und Datentechnik, Kempten
Bindung: Thomas Buchbinderei, Augsburg
Printed in Germany
ISBN 978-3-87512-469-9

Die Deutsche Nationalbibliothek verzeichnet diese
Publikation in der Deutschen Nationalbibliografie;
detaillierte bibliografische Daten sind im Internet über
http://dnb.d-nb.de abrufbar.

Inhalt

1813 - 1883 | 9
Blitzstart | 11
Dunkelheit | 12
Papiertermiten | 14
Januar | 16
Der Mann im braunen Anzug | 18
So ist das nun mal | 21
Wunder | 22
Den Alten muss man helfen | 23
Kein eindringliches Gedicht | 24
Postfach 11946, Fresno Calif. 93776 | 26
Für meine Ivy League Freunde | 28
Der Masterplan | 30
Fahrprüfung | 32
Deal? | 34
Null | 36
Ich nehme es hin | 38
Angeblich bin ich berühmt | 40
Leben am Rande der Mülltonne | 43
16-bit Intel 8088 Chip | 44
Ein letztes Glas | 45
Verrückte Wahrheit | 46
Höllentrip | 48
Wen es betrifft | 50
Schuhe | 51
Alle miteinander | 52
Oh ja | 55
Die Besten ihrer Art | 56
Riesenschritte | 58
Freunde in der Dunkelheit | 60
O tempora! O mores! | 62
Wie wahr | 64
Nur ein Vorschlag | 65

Der Wein für die Ewigkeit | 66
Fernaufnahme | 68
Konkret | 72
C'est la vie | 76
Ich fand, das Zeug schmeckte noch beschissener als sonst | 78
Ich bin kein Frauenfeind | 79
Die Eiterbeule | 82
Die Lady aus dem Schloss | 84
Gnadenlos wie eine Tarantel | 90
Hä? | 92
Lustig, oder? Nr. 1 | 94
Lustig, oder? Nr. 2 | 98
Die schöne Redakteurin | 100
Über die PEN-Konferenz | 103
Alle reden zu viel | 104
Das Lied | 107
Übung macht den Meister | 110
Liebesgedicht für eine Stripperin | 112
Jon Edgar Webb | 114
Der magische Fluch | 116
Auf Tauchstation | 118
Der Marsch durch Georgia | 119
Zu Besuch beim berühmten Dichter | 120
Diesen Mädchen sind wir nach Hause gefolgt | 125
Randnotiz | 127
Ein gewöhnliches Gedicht | 129
Alt und versoffen | 130
Jagt sie in die Luft | 132
Manchmal ist Alleinsein die beste Lösung | 134
Heiß | 136

Dies | 138
Irgendwann verfasse ich eine Fibel für
verkrüppelte Heilige, aber inzwischen ... | 139
Spätes, sehr sehr spätes Gedicht | 140
Hilfe erbeten | 142
Ihre Todesangst erstickt unser Lachen | 143
Stöcke und Steine | 144
Nervöse Zeitgenossen | 146
Stille | 147
Das gehört nur uns | 152

1813 - 1883

Ich höre Wagner
während draußen in der Dunkelheit der
Sturm den kalten Regen peitscht
sich die Bäume wiegen und schütteln
die Straßenlaternen an- und ausgehen
die Wände knarren
und sich die Katzen unters Bett verziehen

Wagner führt Todeskämpfe,
ist emotional, aber deftig
er ist der oberste Kämpfer
ein Gigant in einer Zwergenwelt,
geht voll auf's Ganze,
sprengt Grenzen
ein GEWALTIGER Sound

denn hier bebt
zittert
donnert
und neigt sich alles
in einem infernalischen Spiel

Wagner und der Sturm vermischen
sich mit dem Wein,
und Nächte wie diese kriechen meine Handgelenke
hoch in meinen Kopf
und zurück in die
Gedärme

manche Menschen
sterben nie
und manche Menschen
leben nie

aber heute Nacht sind
wir alle lebendig.

Blitzstart

Ab und zu
sollten wir uns
an den
glücklichsten
und besten
Moment
in unserem
Leben
erinnern.

Für mich
war das
der Moment
als ich
jung und
ohne einen Penny
und ohne
einen Freund
in einer
fremden Stadt
auf einer Parkbank
geschlafen habe
was aber nichts
über all die
vielen
Jahrzehnte
danach
aussagen soll.

Dunkelheit

Dunkelheit legt sich über die Menschheit
und Gesichter werden zu schrecklichen
Fratzen,
die mehr wollen
als zu holen ist.

Unsere Tage sind gekennzeichnet durch
unerwartete
Angriffe – manche
verheerend
andere weniger
aber der Prozess ist
aufreibend und
anhaltend
und sehr zermürbend.
Die meisten dieser Angriffe
verlaufen im Sand
und hinterlassen ein Vakuum
wo eigentlich Menschen
sein sollten.

Unsere Vorfahren, unsere
Bildungssysteme, unser Land, die Medien
und wie das alles abläuft
haben die Massen
geblendet und in die Irre geführt: und zu Opfern
der Freudlosigkeit des *eigentlichen* Traums gemacht.

Sie wussten nicht,
dass Erfolge oder Siege
oder Glück
oder wie zum Teufel man es auch immer nennen mag
ihren Preis haben.

Nur eine neue Ordnung
und Kontinuität
verleihen die Kraft,
etwas Wunderbares zu entwickeln
wie immer das
auch aussehen mag.

Aber jetzt,
wo wir zur Selbstzerstörung bereit sind
ist fast nichts mehr da
was zerstört werden könnte

und genau das
macht die Tragödie
größer
viel viel
größer.

Papiertermiten

14 Die meisten Dichter,
die ich kenne, haben das Pech,
dass sie nie einen 8-Stundenjob hatten,
dabei gibt es nichts Besseres
als einen 8-Stundenjob
um zu kapieren
wie sich das wahre Leben anfühlt.

Die meisten dieser Dichter
die ich kenne
haben
offenbar nur
von Luft gelebt
aber
in Wirklichkeit war das
natürlich ganz anders:
hinter ihnen stand immer
ein Familienmitglied
meistens haben Ehefrau und Mutti
diese armen Teufel
unterstützt
kein Wunder also,
dass ihre Texte
so erbärmlich sind:
sie waren von Anfang an
gegen die Realität abgeschirmt
und hatten nichts anderes im Kopf
als ihre gepflegten Fingernägel
und
ihren empfindlichen Haaransatz
oder
ihre Lymphknoten.

Ihre Wörter sind
tot, leer, verlogen und schlimmer noch –
tendenziös und
stumpfsinnig.

Sitzen satt und zufrieden in ihrem Elfenbeinturm
rotten sich zusammen,
verschwören sich, hassen,
schwätzen,
die meisten
dieser amerikanischen Dichter
vermarkten ihr Talent
prostituieren sich
und halten sich für die Größten.

Dichter (?):
Diese Bezeichnung sollte
neu definiert werden.

Wenn ich dieses
Wort
schon höre
kommt mir
die Galle hoch
und ich könnte
kotzen.

Januar

Hier
siehst du diese
Hand

hier siehst du diesen
Himmel
diese
Brücke

hörst dieses
Geräusch

die Qualen des
Elefanten

der Alptraum des
Zwergs

während
Papageien
in einem
Farbenmeer in
ihren Käfigen hocken

und
Menschenteile
wie Kieselsteine
oder Felsen
über die
Klippen stürzen.

Irrenhäuser vor
Schmerz schreien
und sich die Monarchie
dieser Welt
auf dem Rücken eines Pferdes
fotografieren lässt
oder
sich eine Prozession
zu ihren Ehren
anschaut

und
Fixer fixen
Säufer saufen
Huren huren
und Mörder morden

und der Albatros blinzelt mit den Augen

und das Wetter bleibt
wie es ist.

Der Mann im braunen Anzug

Fuck, war der klein,
vielleicht einen Meter sechzig
sechzig Kilo
er war mir sofort
unsympathisch,
er saß an seinem Schreibtisch
in der Bank
und während ich in der Schlange wartete
starrte er mich
auf eine merkwürdige Art an
und ich starrte
zurück,
ich weiß nicht,
was der Auslöser
für diese Feindseligkeit war.
Er hatte diesen kleinen Schnauzbart
der an den Enden herunterhing
er war etwa Mitte vierzig
und wie die meisten Bankangestellten
hatte er diese unverbindliche,
selbstherrliche Art.

Einmal wäre ich
beinahe über den Tresen gestiegen
um ihn zu fragen
was zum Teufel
er anstarrte.

Heute ging ich rein,
stand in der Schlange
und sah, wie er seinen Schreibtisch verließ.
Eine der Kassiererinnen
hatte Stress

mit einem Typen
an ihrem Schalter
und der Mann
im braunen Anzug
versuchte, zwischen den
beiden zu vermitteln.
Plötzlich
sprang der Mann im braunen Anzug
über den Tresen
stellte sich hinter den
Typen
nahm ihn in den Schwitzkasten
zerrte ihn zu einer verschlossenen Tür
öffnete sie
und hatte den Typen
immer noch
fest im Griff.

Dann zerrte er ihn
hinein
verriegelte
den Ausgang
und während er den Typen festhielt
befahl er einem
der Girls
»Ruf die Bullen«.

Der Typ, den er festhielt,
war um die zwanzig, schwarz,
etwa einen Meter fünfundachtzig,
fünfundachtzig Kilo
und ich dachte,

Mann, wieso haust du nicht einfach ab?
Die Zeit im Knast kann
verdammt lang werden.

Aber er stand
nur da
und ließ
sich festhalten.

Ich ging, bevor
die Bullen kamen.

Als ich das nächste Mal
in die Bank ging
saß der Mann im braunen Anzug
an seinem Schreibtisch.
Und als er mich
ansah
habe ich nur
verhalten gelächelt.

So ist das nun mal

Manchmal, wenn man glaubt,
schlimmer kann's nicht mehr werden
wenn sich alles gegen einen verschworen hat
an einem nagt
und die Stunden, Tage, Wochen
Jahre
offenbar umsonst waren –
liege ich in der Dunkelheit
ausgestreckt auf meinem Bett
starre an die Decke
und dann kommt mir der für manche
vielleicht obszöne Gedanke:
es ist immer noch schön,
Bukowski zu sein.

Wunder

Ich habe mir gerade diese
Symphonie angehört
die Mozart an nur einem Tag
rausgehauen hat
da steckt eine solch ausgelassene und wahnsinnige
Freude drin,
die eine Ewigkeit überdauert
was immer auch Ewigkeit ist,
Mozart ist ihr so
nahe gekommen
wie nur möglich.

Den Alten muss man helfen

Als ich heute in der Bank in der Schlange stand,
ließ der alte Mann vor mir seine Brille fallen
(zum Glück im Etui)
und als er sich bückte
sah ich, wie mühsam das für ihn war
und ich sagte »Moment, lassen Sie mich
das machen …«
als ich sie aufhob,
ließ er seinen Stock fallen
einen wunderschönen, schwarzen polierten
Stock
ich gab ihm seine Brille zurück
bückte mich nach dem Stock
stützte den alten Knaben
und gab ihm seinen Stock.
Er sagte nichts,
lächelte mich nur an
und drehte sich wieder um.

Ich stand hinter ihm
und wartete, bis ich an der Reihe war.

Kein eindringliches Gedicht

24 Es gab da einen Typen,
der schrieb mir, er hätte den Eindruck,
dass meinen neueren Gedichten
im Vergleich zu den älteren
diese »Eindringlichkeit« fehlte.

Auch wenn *das* stimmt,
wieso schrieb er
mir das?
Hab ich ihm
den Tag
versaut?
Gut möglich.

Ich bin auch schon
von Schriftstellern
enttäuscht worden
von denen ich
geglaubt habe
sie seien eindringlich
oder zumindest
verdammt gut
aber
es wäre mir
nie in den Sinn gekommen
ihnen zu schreiben
ich würde ihren
Untergang
kommen sehen.
Für mich war es immer das Beste,
einfach mein Zeug
in die Maschine zu hämmern

und die Sterbenden
sterben zu lassen
so wie sie das schon
immer gemacht
haben.

Postfach 11946, Fresno Calif. 93776

Ich bin von der Rennbahn nach Hause gefahren
nachdem ich 50 Dollar verzockt hatte
ein heißer Tag da draußen
gerammelt voll wie jeden Samstag
mir taten die Füsse weh und ich hatte Nacken-
und Schulterschmerzen –
und meine Nerven: diese Menschenmassen
treiben mich in den Wahnsinn.
Ich fuhr die Einfahrt hoch,
nahm meine Post
fuhr weiter, parkte,
ging ins Haus und öffnete den
Brief vom Finanzamt
Formular 525 (SC) (Rev. 9-83)
und wurde darüber in Kenntnis gesetzt, dass ich
gemäss Einkommenssteuererklärung von 1981
ZWÖLFTAUSENDSECHSHUNDERTVIER
DOLLAR
UND
SIEBENUNDACHTZIG CENT plus
ZWEITAUSEND ACHTHUNDERTDREIUND-
ACHTZIG DOLLAR
UND ZWÖLF CENT an Zinsen
plus TÄGLICH anfallenden Zinseszinsen
Steuerschulden hätte.
Ich ging in die Küche
und genehmigte mir erstmal einen Drink.
Das Leben in Amerika ist schon
sehr sonderbar.
Ich *könnte* die Zinsen auflaufen lassen,
machte die Regierung ja schließlich auch,
aber irgendwann könnten sie

mich oder was immer ich hinterlassen würde
drankriegen
jetzt waren die 50 Dollar,
die ich auf der Rennbahn verzockt hatte
nur noch halb so wild.
Morgen muss ich wieder hin und 15.487,90 Dollar
plus täglichen Zinseszinsen gewinnen.
Darauf trank ich
und ärgerte mich,
dass ich beim Rausgehen
kein Rennprogramm gekauft hatte.

Für meine Ivy League Freunde

Viele, die ich von Dichterlesungen kenne
oder von denen ich früher bei
Dichterlesungen gehört habe,
sind heute entweder Dozenten oder
Poets-in-Residence
und bekommen Stipendien von der N.E.A.
oder Guggenheim oder
sonstige Zuschüsse.
Okay, ich hab mich auch mal für ein Gugg beworben
und sogar mal ein Stipendium von der N.E.A. bekommen
sollte also
das Maul nicht so weit aufreißen
aber
man hätte sie früher einmal sehen sollen: wild, zerlumpt,
komplett irre
und immer mit einem Bein im Knast
heute
sind sie vollgefressen, arriviert, saturiert
schreiben ihre Besprechungen für Zeitschriften
oder stupide, sterile, langweilige Gedichte
und geben so viele von diesen Zeitschriften heraus
dass ich keine Ahnung habe,
wohin ich
dieses Gedicht schicken könnte
denn sie ziehen meine Arbeiten mit
erschreckender Regelmäßigkeit
in den Dreck
und
ich kann ihr Zeug nicht lesen
aber ihre Attacken gegen mich
hatten in diesem Land böse Konsequenzen
und gäbe es Europa nicht
wäre ich vielleicht immer noch

ein hungernder Schriftsteller
oder längst in der Gosse gelandet
oder würde in euren Gärten Unkraut zupfen
oder ...?

Jeder
kennt diesen alten Spruch: über Geschmack lässt sich
nicht streiten
und
entweder haben sie Recht und ich Unrecht oder
ich habe Recht und sie haben Unrecht
oder
irgendwas dazwischen.
Den meisten Menschen auf diesem Planeten
geht doch sowieso alles am Arsch vorbei
und mir geht es oft
genauso.

Der Masterplan

Es war Winter in Philadelphia, ich nagte am Hungertuch
und versuchte mich als Dichter
ich schrieb und schrieb und trank
und trank
dann hörte ich auf zu schreiben und konzentrierte mich
aufs Saufen.

Ist schließlich auch eine
Form der Kunst.

Hat man mit der einen Sache keinen Erfolg
probiert man eben die nächste.

Immerhin beherrsche ich die Kunst des Saufens
seit meinem 15. Lebensjahr.

Aber auch in dieser Disziplin
war die Konkurrenz groß.

Die Welt war voll von Säufern und Dichtern
und besoffenen Dichtern.

Und so wurde aus mir ein hungernder Säufer
statt ein hungernder Dichter.

Das Beste daran war die
unmittelbare Wirkung.
Schon bald wurde ich der größte
und talentierteste Säufer in meinem Viertel
wenn nicht sogar in
der ganzen Stadt.
Das war tausendmal lustiger als herumzusitzen

und auf die Absagen vom *New Yorker* oder
The Atlantic Monthly
zu warten.

Natürlich habe ich nie ernsthaft daran gedacht
meine Schreiberei an den Nagel zu hängen,
ich musste nur eine
zehnjährige Sendepause
einlegen
denn ich wollte einfach nicht
zu früh zu berühmt werden.

Denn ohne meine Saufeinlagen
hätte ich mein Pulver
schon längst
verschossen.

Fahrprüfung

Wütende
und defensive
Autofahrer
zeigen oft denen
den Finger
die sie selbst mit ihrer chaotischen Fahrweise
in Gefahr bringen.

Mir ist klar
was der
gestreckte Mittelfinger
in meine Richtung
zu bedeuten hat
aber manchmal
muss ich
einfach nur lachen
wenn ich ihre
roten, verzerrten Gesichter
und diese Geste
sehe.

Trotzdem habe ich mich heute
dabei erwischt,
wie ich einem Typen,
der direkt auf meine Spur wechselte,
ohne an der Supermarktausfahrt zu warten,
den Finger gezeigt habe.

Ich habe ihm den Finger
gezeigt.

Er hat's gesehen
und ich bin
hinten auf seine Stoßstange
gekracht.

Es war mein erstes
Mal.

Jetzt bin ich Mitglied
im Club
und komme mir vor
wie der
letzte Idiot.

Deal?

Was diesen Dünnschiss angeht,
die mir ständig durch die Birne fließt,
Käpt'n Walross, muss ich ehrlich zugeben,
dass ich Mühe habe, das zu kapieren
und ich würde jede Menge AVE MARIAS aufsagen,
nur damit das endlich aufhört –
ich würde sogar wieder mit dieser Hure
mit dem Herz aus Stahl zusammenleben,
nur damit dieser Dünnschiss aufhört
durch mein Hirn zu fließen, Käpt'n Walross,
aber ich würde natürlich nicht mit
Pferdewetten und dem Saufen aufhören
aber
Käpt'n
wenn dieser Dünnschiss aufhören
würde zu fließen
verspreche ich
nie wieder Eier zu essen
mir Sack und Kopf zu rasieren,
im Staate Delaware zu leben und
sogar
einen ganzen Film über mich
ergehen zu lassen, in dem jemand
aus dem Fonda-Clan
mitspielt.

Überleg's Dir, Käpt'n Walross, das Atom
steckt im Pilz und der Sonnenschirm
neigt sich dem Westwind entgegen
und ich muss etwas dagegen tun …
denn es sieht ganz danach aus
als würde es nie
aufhören

Jeder Mann hat seine Hölle an einem
anderen Ort: meine befindet sich exakt in und
hinter
meiner ramponierten
Fresse.

Null

36 Ich sitze hier und beobachte, wie der
Sekundenzeiger der TIMEX
läuft und
läuft ...
in dieser völlig unspektakulären Nacht
sitze ich rum und suche meinen Nacken nach
Mitessern ab
und während andere Typen mit ihren
geilen Bräuten in die Kiste springen,
sehe ich in mich hinein und finde nichts als
Leere.
Ich habe keine Zigaretten mehr und nicht mal
eine Waffe, mit der ich rumballern könnte.
Diese Schreibblockade ist das einzige, was ich
habe.
Der Sekundenzeiger der TIMEX läuft
und läuft immer noch ...
Ich wollte immer ein Schriftsteller sein
und jetzt bin ich einer, der es nicht bringt.

Ich könnte auch nach unten gehen und mit meiner Frau
Late Night TV schauen.
Sie würde mich fragen, wie es läuft
und ich würde mich mit einer nonchalanten
Handbewegung
neben sie setzen
und den *Glass People* beim Scheitern zusehen
die genau wie ich gescheitert sind.

Ich werde jetzt die Treppe runter gehen
was für ein Bild:

ein leerer Mann, der aufpasst, nicht
zu stolpern und sich seinen
hohlen Kopf anzuschlagen.

Ich nehme es hin

vielleicht drehe ich durch, von mir aus
aber diese Gedichte steigen mir ständig und
mit aller Gewalt zu Kopf.
Jetzt,
nachdem ich einen ganzen
Fusel-Ozean leergesoffen habe,
wäre der totale Verschleiß die einzig
gerechte Belohnung,
schließlich saufe ich fleißig weiter –
und die
Irrenhäuser, Skidrows und Friedhöfe
sind voll mit
meinesgleichen
jede Nacht, wenn ich mit meiner Flasche
vor dieser Schreibmaschine sitze,
flackern diese Gedichte auf –
springen ständig aus mir heraus –
und brüllen unbekümmert vor sich hin:
meine 65 Jahre tanzen vor mir –
mein Mund verzieht sich zu einem schmalen Lächeln,
während mir diese Tastatur mit ihrer gewaltigen
Energie
ein verrücktes Wunder beschert.

Die Götter haben es gut mit mir gemeint,
denn mein Lebenswandel
hätte selbst einen Mann wie ein Stier
umgehauen
und ich bin kein Mann wie ein Stier.

Natürlich habe ich gleich gemerkt,
dass tief in mir seltsam starke Zweifel wüten.

Trotzdem hätte ich mir dieses
Glück
und diesen Akt der Gnade nie träumen lassen.

Mein Tod wird höchstens
als Randerscheinung wahrgenommen werden.

Angeblich bin ich berühmt

Nicht gerade viel, was man an diesem frühen Morgen
aufgeben müsste,
unten schmollt meine liebe arme Frau
denn ich bin jeden Tag auf der Rennbahn
und nachts immer hier oben
mit meiner Flasche und dieser Schreibmaschine.
Meine liebe arme Frau, hoffentlich
findet sie einen guten Platz
im Himmel.

Andererseits
haben sich die paar Leute, die ich kannte,
Leute von denen ich dachte, sie hätten
dieses gewisse Etwas,
diese schöpferische Menschlichkeit,
auch getrennt,
da ich aber
von Natur aus Einzelgänger bin,
hält sich meine Verzweiflung in Grenzen –
außerdem habe ich noch meine fünf
Katzen: Ting, Ding, Beeker
Bleeker und Bob.
Nicht viel, was man an diesem frühen Morgen
aufgeben müsste.
Angeblich bin ich mittlerweile ein
berühmter Schriftsteller
und beeinflusse ganze Horden
von Schreiberlingen.
Könnte ich
doch bloß
über all das
lachen.

Der Ruhm ist meine letzte Hure, alle anderen haben
mich verlassen.

Die Konkurrenz war nicht sehr
groß
aber das sollte nicht meine Sorge sein: all das war
mir schon lange klar,
als ich am Verhungern war
aus dem Fenster
gepisst
und Wassergläser voll Schnaps gegen
die Wände derer geschmissen habe
die mit ihrer Miete im Rückstand waren.

Ting, Ding, Beeker, Bleeker und
Bob.

Jetzt wächst die Pflanze
Tod in meinem
Kopf.

Nicht viel, was man an diesem frühen Morgen
aufgeben müsste.

Ich empfinde Trauer für die Toten und die Lebenden
aber nicht für meine fünf Katzen oder
für meine Ehefrau, meine Ehefrau,
die ihren Platz im Himmel
finden wird.

Und was die getrennten Leute betrifft
nicht ich habe sie getrennt,
sie haben sich selbst
getrennt.

Und dass die Bürgersteige
trotz der vielen vorbeiziehenden Füße leer sind –
ist das Werk des Systems.

Nicht viel, was man aufgeben müsste,
denn
in meinem Radio spielt ein Mann Klavier und
die Wände heben und
senken sich

ich bin erstaunt über den Mut
selbst der Mut der Flöhe
der Läuse
der Tarantel
versetzt mich an diesem unfreundlichen frühen Morgen
in Erstaunen.

Leben am Rande der Mülltonne

Der Wind bläst heftig heute Nacht
es ist ein eisiger Wind
und ich denke
an die obdachlosen Jungs.
Ich hoffe, ein paar von ihnen haben eine Flasche
Rotwein.

Wenn man obdachlos ist,
merkt man, dass
alles jemandem gehört
und *überall*
ein Schloss dran ist.
So funktioniert
Demokratie:
man nimmt, was man kriegen kann
versucht, es zu behalten
und möglichst
noch mehr anzuhäufen.

Diktatur funktioniert
ähnlich,
nur dass die Obdachlosen
entweder
versklavt oder
vernichtet werden.

Wir haben unsere
bloß vergessen.

Wie dem auch sei
es bläst ein harter
eisiger
Wind.

16-bit Intel 8088 Chip

44 Mit einem Apple Macintosh
kann man im Diskettenlaufwerk
keine RadioShack-Programme laden,
genauso wenig wie ein Commodore 64
eine Datei erkennen kann,
die auf einem IBM-Computer erstellt wurde.
Kaypro- und Osborne-Computer
benutzen zwar beide das CP/M-Betriebssystem,
können aber ihre jeweiligen
Handschriften nicht erkennen,
weil die Disketten unterschiedlich
(beschrieben) formatiert sind.
Der Tandy 2000 läuft mit MS-DOS,
kann aber die meisten Programme nicht unterstützen,
die für IBM-Computer geschrieben wurden,
es sei denn, bestimmte Bits und Bytes wurden
modifiziert,
aber trotzdem streicht der Wind noch
immer über die Savanne
und der Truthahn stolziert im Frühling
vor seinen Hennen herum.

Ein letztes Glas

Es ist mal wieder so weit, ein letztes Glas, ein
letztes Gedicht – Jahrzehnte der Glückseligkeit –
noch eine durchzechte Nacht, diesmal
allerdings nicht auf dem Boden
der Ausnüchterungszelle, wo ich immer
darauf warten musste, dass dieser schwarze Zuhälter
endlich aufhört zu telefonieren, damit
ich den einzigen mir erlaubten
Anruf erledigen kann
(wie in vielen anderen Nächten auch)
es hat mal wieder ein bisschen gedauert,
bis ich den interessantesten
aller Saufkumpanen gefunden habe: mich,
wie jetzt, wo ich nach dem letzten
Glas mit dem Blut des Lamm Gottes
zu meiner Linken greife.

Verrückte Wahrheit

Der Spinner im roten Anzug
lief die Straße entlang
und führte Selbstgespräche
als ein Raser in seinem Sportflitzer
mit Karacho in die Straße einbog
und direkt vor dem Spinner anhielt.
Der brüllte ihn an, »HEY DU DUMME SAU!,
DU VOLLIDIOT,
HAST DU NE ERDNUSS, WO ANDERE
IHR HIRN HABEN?«

Der Raser bremste,
setzte zurück,
hielt an und fragte: »WAS HAST DU DA EBEN GESAGT,
KUMPEL?«

»Ich habe gesagt, AM BESTEN FÄHRST DU JETZT WEITER,
SO LANGE DU'S NOCH KANNST, DU ARSCHLOCH!«

Der Raser hatte seine Freundin im Auto
und wollte gerade die Tür öffnen.

»DU STEIGST BESSER NICHT AUS DEM AUTO AUS,
ERDNUSSHIRN!«

Die Autotür schloss sich wieder
und der Sportflitzer
brauste davon.

Der Spinner im roten Anzug
lief weiter die Straße hinunter.

»DA IST NICHTS, NIRGENDS«, sagte
er »UND ES WIRD STÄNDIG
IMMER WENIGER ALS NICHTS!«

Das war mal wieder ein grandioser Tag
an der 7. Straße, direkt am
Weymouth Drive.

Höllentrip

48 Die Menschen sind erschöpft, unglücklich und frustriert,
die Menschen sind verbittert, rachsüchtig, die
Menschen sind verblendet und verängstigt
die Menschen sind zornig und phantasielos
und ich fahre mitten zwischen ihnen auf der Autobahn
und sie drücken das, was von ihnen noch übrig ist
durch ihren Fahrstil aus –
manche hasserfüllter und offensiver als andere –
manche wollen nicht überholt werden,
manche hindern andere daran, sie zu überholen
– manche hindern andere, die Spur zu wechseln
– manche blicken voller Neid auf die
neueren und teureren Modelle
– und die in diesen teureren Modellen
hassen die alten Karren.

Die Autobahn ist ein Zirkus trivialer
und billiger Emotionen,
Menschheit in Bewegung,
die meisten von ihnen kommen aus
einem ihnen total
verhassten Ort und ihr Ziel ist ein Ort
den sie genauso oder sogar noch mehr hassen.
Die Autobahn führt uns vor Augen,
was aus uns geworden ist,
denn die meisten Unfälle und Toten sind
das Resultat einer Kollision
unfertiger Wesen, erbärmlicher
und wahnsinniger Biografien.

Wenn ich auf der Autobahn fahre, sehe
ich die Seele der Menschlichkeit
meiner Stadt. Und die ist einfach nur
hässlich, hässlich, hässlich:
denn die Menschen haben ihr Herz
offenbar abgewürgt.

Wen es betrifft

Wenn man heiratet, heißt es,
man ist erledigt
hat man keine Frau,
heißt es,
man ist unvollkommen.

Viele meiner Leser wollen, dass
ich ständig über Bettgeschichten
mit irgendwelchen verrückten Schlampen
oder Nutten schreibe –
oder dass ich im Krankenhaus oder im Knast lande
oder dass ich verhungere
oder mir die Gedärme
aus dem Leib kotze.

Ich finde auch, dass Selbstzufriedenheit
keine unsterbliche Literatur hervorbringt
Wiederholung aber auch nicht.

Alle Leser, denen jetzt
das Herz blutet
und befürchten, ich sei ein glücklicher
Mensch
können ganz beruhigt sein:
Verzweiflung ändert zwar manchmal ihre
Form,
lässt sich aber bei niemandem
einfach so stoppen.

Schuhe

Wenn man jung ist
können
ein Paar
hochhackige
Frauenschuhe,
die allein
im Schrank stehen,
einem
den Verstand rauben;
wenn man alt ist,
sind es
einfach nur
ein paar Schuhe,
in denen
keiner steckt
aber selbst
das lässt
einen
völlig
kalt.

Alle miteinander

HEY, brüllte ich ihr quer durchs Zimmer entgegen
TRINK DEN WEIN DOCH
AUS DEINEM SCHUH!

WIESO? schrie sie

DAMIT HIER EIN WENIG LEBEN
IN DIE BUDE KOMMT!
brüllte ich
zurück.

HEY, der Typ im Zimmer nebenan
hämmerte an die Wand, ICH MUSS
MORGEN FRÜH RAUS
UND ARBEITEN,
HALTET ALSO VERDAMMT NOCH MAL
DIE FRESSE!

Er hatte die Wand fast zum Einstürzen gebracht
und eine
markerschütternde Stimme.

Ich ging rüber zu ihr, sagte, hör zu,
wir sollten leiser sein,
der Typ hat auch gewisse
Rechte.

DU KANNST MICH MAL, ARSCHLOCH!
fauchte sie mich an.

Der Typ hämmerte schon
wieder an die Wand.

Sie hat ihre Rechte
und er hat seine.

Ich nahm meine Flasche,
ging ans Fenster
und schaute hinaus
in die Nacht.

Dann nahm ich einen
ordentlichen Schluck
und dachte, dass wir
verloren sind
alle miteinander,
das ist die
ganze beschissene Wahrheit
(was vor allem auf diesen
und all die anderen Drinks davor zutraf.)

dann ging ich
wieder rüber zu ihr,
aber sie war
in ihrem Sessel
eingepennt.

Ich verfrachtete sie
ins Bett
machte die Lichter aus
setzte mich auf den Stuhl
am Fenster
schlürfte mein Bier
und dachte, bis hierher bin ich
also gekommen,
das ist ganz schön weit.

54 Sie schläft jetzt
und er vielleicht
bald auch.

Oh ja

Neulich
habe ich den
Kopf so sehr hängen lassen
dass ich manchmal
drei Zungen gespürt habe
wenn ich mich bücken
und mir die Schuhe
zubinden
musste.

Die Besten ihrer Art

Es gibt nichts zu
diskutieren
es gibt nicht zu
erinnern
es gibt nichts zu
vergessen.

Das ist traurig
oder
auch nicht.

Herumzusitzen
mit einem Glas
in der Hand
ist
scheinbar
das einzig
Vernünftige
was ein Mensch
tun kann
wenn einem die
Wände lächelnd
zum Abschied
winken.

All das
übersteht man
mit einer
gewissen Portion
Effizienz
wenn die
Tapferkeit auf

der Strecke
geblieben ist.

Manche
glauben
dass Gott ihnen hilft
all das
durchzustehen

andere nehmen
das Heft
selbst in die Hand

und auf die

trinke ich
heute Nacht.

Riesenschritte

Norman und ich, beide 19,
schreiten durch die nächtlichen
Straßen ... und fühlen uns stark, sehr jung
stark und jung

Norman sagte »Oh mein Gott, ich wette,
niemand läuft mit solchen Riesenschritten wie wir!«

1939
hatte ich Strawinsky für
mich entdeckt und
kurz darauf

wurde Norman
in den Krieg
eingezogen.

46 Jahre später
sitze ich jetzt hier
im zweiten Stock
an einem heißen Mittag
um eins

betrunken und

immer noch stark
aber nicht mehr
so jung.

Norman, Du würdest nie
drauf kommen,

was mit mir,
und uns allen
passiert ist.
Ich erinnere mich
an deinen Spruch: »Alles
oder nichts.«

Weder das eine
noch das andere
ist eingetreten
und wird es wohl
auch nicht mehr.

Freunde in der Dunkelheit

Ich vergesse nie, wie ich mit leerem Magen
in einem winzigen Zimmer
in einer fremden Stadt
bei heruntergelassenen Jalousien
klassische Musik gehört habe.
Ich war jung, verdammt jung, und in mir
tobte ein brutaler Schmerz,
weil es keinen anderen Ausweg gab
als mich möglichst lange zu verstecken
ich verspürte kein Selbstmitleid,
sondern Entsetzen über mein Unvermögen:
mit der Welt in Kontakt zu treten.

Die alten Komponisten – Mozart, Bach, Beethoven, Brahms,
waren meine einzigen Gesprächspartner
aber die waren alle schon lange tot.

Ich kapitulierte und ging halb verhungert dann doch auf die
Straße und bewarb mich auf mies bezahlte und öde
Jobs bei diesen schmierigen, gesichtslosen, hohläugigen
Typen hinter ihren Schreibtischen
die meine Arbeitsstunden kontrollierten
und kürzten
und denen alles am Arsch
vorbeiging.

Jetzt arbeite ich für Herausgeber, Leser
und Kritiker.
Hänge aber trotzdem noch rum
und saufe mit Mozart, Bach, Brahms und
Bee
manche Kumpel
manche Männer.

Alles, was man manchmal braucht,
um alleine klarzukommen,
sind die Toten
die an den Mauern rütteln,
die einen einsperren.

O tempora! O mores!

Ich bekomme diese Männermagazine mit der Post
weil ich darin wieder Kurzgeschichten veröffentliche
auf diesen Seiten zeigen die Ladies alles
was sie haben
sieht eher aus wie eine Gynäkologenzeitschrift –
alles hemmungslos und nüchtern präsentiert von
komplett verblödeten und gelangweilten Gesichtern
und Fleischbergen zum Abgewöhnen
aber das Geheimnis liegt in der
Vorstellungskraft
hat man keine
sieht man nur noch totes Fleisch.

Vor einem Jahrhundert
konnte ein sinnlich
in Szene gesetzter Frauenfuß
einen Mann noch
um den Verstand bringen
warum auch nicht?
Man konnte sich vorstellen,
dass der Rest genauso
reizvoll war.

Heutzutage wird einem alles vor die Nase geknallt,
wie ein Tablett mit Hamburgern
bei McDonald's.

Es gibt wohl kaum was Schöneres
als eine Frau in einem langen Kleid.

Nicht einmal ein Sonnenaufgang
oder die Gänse, die frühmorgens in der klaren
Frische in einer langen V-Formation
gen Süden ziehen
können da mithalten.

Wie wahr

»Höllenqualen, immer wieder
Höllenqualen ...«
ist eine von Lorcas
besten Zeilen.

Sollte man vielleicht mal
drüber nachdenken,
wenn man
eine Kakerlake zerquetscht
oder mit 'ner
Rasierklinge
hantiert

oder morgens aufwacht
und
in die Sonne
schaut.

Nur ein Vorschlag

Neben dem Hass und Neid einiger
meiner Kollegen
gibt es noch ein anderes Ungemach,
und das erreicht mich per Telefon oder Brief:
»Du bist der größte lebende Schriftsteller.«

Das gefällt mir gar nicht,
weil ich glaube,
dass etwas verdammt schief gelaufen ist,
wenn man der größte lebende Schriftsteller ist.

Ich will nicht einmal der größte tote
Schriftsteller sein.

Einfach nur tot zu sein
würde mir vollkommen reichen.

Außerdem finde ich die Bezeichnung »Schriftsteller«
völlig daneben.

Für mein Ego wäre es viel besser
zu hören:
Du bist der beste Billardspieler der Welt
oder
du bist der beste Ficker der Welt
oder
Du bist der beste
Pferdewetter der Welt.

Genau das ist es
was einen Mann
glücklich machen würde.

Der Wein für die Ewigkeit

66   Heute Nachmittag
      habe ich
      wieder einmal Fantes
      The Wine of Youth
      gelesen
      während mein fetter Kater
      BEAKER neben mir
      im Bett lag.

      Die Texte mancher
      Dichter
      sind wie gigantische Brücken
      die dich
      über viele Dinge tragen
      die an dir ziehen und zerren.

      Fantes reine und magische
      Emotionen
      reihen sich glasklar
      Zeile an Zeile.

      Dieser Mann starb
      einen der langsamsten
      und grausamsten Tode
      die ich je erlebt oder
      von denen ich gehört habe …

      Vor den Göttern
      sind alle gleich.

      Ich legte das Buch
      neben mich.

Das Buch auf der einen,
die Katze auf der
anderen Seite ...

John, die Begegnung mit Dir,
selbst unter diesen Umständen
war der Höhepunkt meines Lebens.
Ich wage nicht zu sagen,
ich wäre für dich gestorben, das wäre
mir sicherlich nicht gut gelungen.

Aber es war prima, dass ich dich
heute Nachmittag
wieder mal
getroffen habe.

Fernaufnahme

Klar, ich hatte sehr viel Blut verloren,
war vielleicht schon ein kleiner Vorgeschmack
aufs Sterben,
aber immerhin war noch genug übrig,
dass ich mich
über meine Furchtlosigkeit wundern konnte.

Es war völlig unkompliziert:
ich wurde in diese Spezialabteilung verfrachtet
in der
die Sozialfälle starben
– wo die Türen ein wenig massiver
– und die Fenster ein bisschen kleiner waren
und ständig die Körper rein- und
rausgerollt wurden
und wo es diesen Priester gab,
der einem die letzte Ölung verpasste.

Der Priester ließ sich ständig blicken,
der Arzt eher
selten.

Es war immer eine Freude,
die Krankenschwestern zu sehen –
sie verkörperten fast so etwas wie Engel
zumindest für die, die an sowas glaubten.

Der Priester ging mir auf die Nerven.

»Nichts für ungut, Pater,
aber ich möchte lieber ohne das sterben«,
flüsterte ich.

»Aber auf Ihrem Einlieferungsschein steht,
dass Sie ›katholisch‹ sind.«

»Das war doch nur für die
Sozialangaben ...«

»Einmal Katholik, immer Katholik,
mein Sohn!«

»Pater«, flüsterte ich,
»das ist doch Blödsinn ...«

Das Beste an dieser Station waren
die jungen Mexikanerinnen,
die immer die Bettwäsche wechselten.
Sie kicherten, machten Scherze mit den Sterbenden
und sahen bezaubernd aus.

Das Beschissenste war
das Orchester von der Heilsarmee,
das am Ostermorgen
um halb sechs reinplatzte
und uns
mit Pauken und Trompeten
und viel Blech und Getöse
und ohrenbetäubendem Lärm
in religiösen Taumel
versetzen wollte.

Sie standen mit vierzig Mann im Zimmer
und beförderten bis
morgens um sechs
mindestens zehn oder 15 von uns
in die ewigen Jagdgründe.

Die wurden dann direkt mit dem
Leichenaufzug
in den Westflügel verfrachtet.
Der Aufzug lief auf Hochtouren.

Ich blieb drei Tage in diesem Wartesaal des Todes
und sah,
wie ungefähr
fünfzig rausgerollt wurden.

Irgendwann hatten sie keine Lust mehr
auf meinen Abgang zu warten
und rollten mich
ebenfalls raus.

Ein freundlicher schwarzer Schwuler
schob mich in der Gegend rum.

»Willst Du wissen, wie deine Chancen stehen,
aus dieser Station rauszukommen?«

»Klar, Mann.«

»Fünfzig zu null.«

»Donnerwetter!
Hast Du was zu rauchen?«

»Nee, aber ich könnt
was besorgen.«

Wir rollten weiter
und die Sonne schaffte es,

die Spinnweben vor dem
Fenster zu durchdringen
und ich dachte an den ersten Drink,
wenn ich
hier raus sein würde.

Konkret

Er hatte meine Lesung
organisiert

und war einer der führenden Vertreter
der konkreten Poesie.
Nach der Lesung
besuchte ich ihn
bei sich zuhause

sein Haus befand sich
ganz oben in den Bergen
wir tranken etwas
und sahen vor dem großen Fenster
sehr große Vögel vorbeifliegen

vorbeigleiten fast

er behauptete, es wären Adler
(vielleicht hat er mich aber auch
verarscht).

Seine Frau spielte
auf dem Klavier

ein Stück
von Brahms

er redete
nicht viel

er war ein
konkreter Poet

seine Frau war sehr schön

und die Art, wie die
Adler vorbeiglitten

war auch
sehr schön

dann setzte die Dämmerung ein

dann wurde es Abend

und dann konnte man die Adler
nicht mehr sehen

die Lesung hatte am Nachmittag
stattgefunden

und wir tranken
bis nachts um eins

dann setzte ich mich in meine
Karre und fuhr die enge
kurvenreiche Straße

r
  u
    n
      t
        e
          r

und war viel zu besoffen
um mich vor der Gefahr zu fürchten

als ich zuhause war
trank ich zwei Flaschen Bier
und ging ins Bett.

Dann klingelte das
Telefon

es war meine Freundin

die den ganzen Abend
versucht hatte, mich zu erreichen

sie war wütend

und unterstellte mir
ich hätte mit einer anderen rumgevögelt

ich erzählte ihr von den wundervollen
Adlern

wie sie dahinglitten

und dass ich bei einem konkreten
Poeten gewesen war

Bullshit
sagte sie
und legte auf.

Ich streckte mich aus
starrte an die Decke
und fragte mich
wovon sich Adler ernähren

dann klingelte
das Telefon wieder
und sie fragte

hatte der konkrete Poet auch
eine konkrete Frau, in die
du deinen Schwanz
reingesteckt hast?

Nein,
sagte ich,
ich habe einen Adler
gebumst

dann legte sie wieder auf.

Konkrete Poesie,
was zum Teufel soll das sein?
fragte ich mich.

Dann ging ich schlafen und
schlief und
schlief.

C'est la vie

Die Cafés in Paris entsprechen haargenau
unserem Klischee:
Snobs, äußerst adrett gekleidete Menschen und
versnobte Kellner, die deine Bestellung aufnehmen
als wär man ein Aussätziger.
Aber sobald der Wein vor einem steht
geht's einem gleich besser
und man fühlt sich selbst wie ein Snob.
Dann wirft man dem Typen am Nebentisch
einen Seitenblick zu
der hat's mitbekommen
und du hältst dir die Nase zu
als hättest du gerade Hundescheiße gerochen
und schaust wieder weg.

Das Essen,
das man dir serviert
ist immer viel zu lasch.
Die Franzosen gehen einfach viel zu
zimperlich mit ihren Gewürzen um.

Und während du isst und trinkst
fällt dir auf, dass alle total eingeschüchtert sind.

Schade
schade

so eine schöne Stadt,
voll mit Feiglingen.

Mehr Wein
für mehr Wahrheit: Paris ist die Welt
und die Welt ist Paris.

Darauf
und deshalb
erhebe
ich mein Glas.

Ich fand, das Zeug schmeckte noch beschissener als sonst

Normalerweise soffen Jane
und ich
jede Nacht
bis zwei oder drei Uhr

und ich musste
morgens um halb sechs
wieder auf der Matte stehen

eines Morgens saß
ich neben diesem frommen
Gesundheitsapostel
und sortierte die Post

und er sagte,
»Hey, ich *riech'* was,
Du auch?«

Ich verneinte.

»Im Ernst«, sagte er,
»ich finde, es riecht irgendwie nach
Benzin.«

»Hm«, sagte ich
»dann zünde mal besser kein
Streichholz an,
ich könnte sonst explodieren.«

Ich bin kein Frauenfeind

Ich bekomme
immer öfter Briefe
von jungen Frauen:

»Ich bin 19 und gut gebaut,
auf Jobsuche
und
deine Texte machen mich
total an
ich bin eine gute Hausfrau
und Sekretärin
wäre dir *niemals* im Weg
und wollte dir eigentlich
ein Foto von mir schicken,
aber das wäre
zu plump ...«

»Ich bin 21
groß und attraktiv
hab' deine Bücher gelesen
bin Anwaltsgehilfin
und falls du mal
in der Gegend bist
ruf' mich an.«

»Ich hab' dich nach
deiner Lesung
im Troubadour getroffen
wir haben eine Nacht
zusammen verbracht
erinnerst du dich?
Ich habe
den Mann geheiratet

von dem du sagtest
er hätte
eine fiese Stimme
als du mich angerufen hast
und er am Telefon war
wir sind jetzt geschieden
ich habe eine
kleine Tochter
sie ist zwei
ich bin nicht mehr
im Musikbusiness
vermisse es aber
und würde dich
gern wiedersehen …«

»Ich habe alle
deine Bücher gelesen
ich bin 23
hab' kleine Titten
aber
Wahnsinnsbeine
nur ein paar Zeilen
von dir
würden mir ja
so viel
bedeuten …«

Ladies,
bitte schenkt eure Körper
und eure Leben
den jungen Männern
die sie verdienen

Außerdem:
ich bin
doch nicht
lebensmüde
und lasse mich
auf eure
hirnverbrannte,
erbärmliche und
unerträgliche Hölle ein
die ihr mir
bereiten würdet

aber ich wünsch
euch Glück
im Leben
und im Bett

aber nicht
in meinem

Danke.

Die Eiterbeule

Ich verstand mich prächtig mit den Mädels
am Fließband
bei Nabisco, erst neulich hatte ich
dem Großmaul in dem Laden
in der Mittagspause die Fresse poliert
es lief also alles bestens, ich kam aus der Stadt,
war der Fremde, der
selten den Mund aufmachte, ich war
der Geheimnisvolle, der Coole
und fast alle Weiber waren scharf auf mich
nur die Typen wussten
nichts mit mir anzufangen.

Dann wachte ich eines Morgens
in meiner Bude auf
und hatte eine Riesenbeule im Gesicht
(rechte Wange)
die fast so groß war
wie ein Golfball.

Ich hätte anrufen und mich krankmelden können
fand es aber
nicht weiter tragisch
und ging zur Arbeit.

Plötzlich war alles anders: die Frauen
wichen meinen Blicken aus, die Typen
waren nicht mehr so verstört
und ich fühlte mich vom
Schicksal hintergangen.

Die Beule blieb
2 Tage
3 Tage
4 Tage.

Am 5. Tag gab mir der Schichtführer
meine Papiere: »Dein Job ist gestrichen,
du bist gefeuert.«

Es war eine Stunde vor der
Mittagspause.

Ich ging zu meinem Spind, öffnete ihn,
nahm Schürze und Mütze ab
pfefferte alles zusammen mit dem Schlüssel
hinein
und ging
nach draußen.

Es war grauenhaft
auf die Straße zu gehen,
ich drehte mich um,
schaute auf das Gebäude
und mir war
als hätten sie etwas Abscheuliches
an mir entdeckt.

Die Lady aus dem Schloss

84 Sie wohnte in diesem Haus
das aussah wie ein Schloss
und wenn man rein ging
sah man die enorm hohen Decken
ich war arm
und ziemlich fasziniert
von all dem.

Sie war
nicht mehr jung
aber hatte
diese wallende
Mähne, die ihr fast bis
zu den Füßen ging
und ich stellte mir vor
wie komisch es sein müsste
es mit all diesen Haaren zu treiben.

Ich bin ein paar Mal
mit meiner alten Karre
zu ihr gefahren
sie hatte erstklassigen Schnaps
wir saßen da
aber ich bin irgendwie nie
richtig an sie rangekommen
habs auch nicht drauf angelegt
aber dass ich zu ihr keinen
Körperkontakt bekam
hat doch sehr an meinem
Ego gekratzt
normalerweise konnte ich
jede Frau rumkriegen
obwohl ich so hässlich war.

Das hat mich irritiert,
aber ich glaube,
ich brauchte das.

Sie sprach gerne
über Kunst
und übers
Filmemachen
je länger ich
ihr zuhören musste
desto mehr
musste
ich saufen

irgendwann
habe ich
sie mir
aus dem Kopf
geschlagen
und nach
ungefähr einem Jahr
oder so
klingelte abends
das Telefon: es
war die Lady.

»Ich würde dich gern
besuchen,« sagte sie.

»Ich schreibe gerade,
und bin geil … ich will jetzt
keinen Besuch …«

»Ich will einfach nur
vorbeikommen,
ich störe dich auch nicht,
ich will nur auf dem Sofa sitzen,
und werde auf dem Sofa schlafen,
ich störe dich bestimmt nicht …«

»NEIN, HERRGOTTNOCHMAL, ICH
WILL JETZT NIEMANDEN SEHEN!«

Ich legte auf.

Die Lady, die *tatsächlich*
auf dem Sofa saß, sagte, »Oh, du bist jetzt
ganz SCHLAFF geworden!«

»Yeah.«

»Los, komm schon …«

Sie nahm meinen Schwanz
in die Hand
ließ ihre Zunge spielen
und
hörte auf.

»Was schreibst du gerade?«

»Nichts, … ich hab'
'ne Blockade …«

»Das glaub' ich allerdings auch … dein
Rohr ist verstopft und müsste mal
kräftig durchgepustet werden …«

Dann nahm sie ihn
in den Mund

und das Telefon
klingelte schon wieder …

Ich rannte wutschnaubend
zum Telefon und nahm
den Hörer ab.

Es war die Lady aus dem Schloss:
»Hör mal, ich stör dich auch wirklich nicht
du würdest gar nicht merken, dass ich da bin …«

»DU HURE, ICH KRIEG' GRAD'N
BLOW JOB!«

Ich legte auf
und drehte mich um.

Die andere Lady
wollte gerade das Zimmer verlassen.

»Was'n los?«, fragte ich.

»Ich ERTRAGE dieses Wort
nicht!«

»Welches Wort?«

»BLOW JOB!«, schrie sie

knallte die Tür zu und war
verschwunden …

Ich ging zu meiner
Schreibmaschine
und spannte ein leeres
Blatt Papier ein.
Es war ein Uhr nachts.

Ich saß da, trank Scotch und Bier
zum Nachspülen und rauchte
billige Zigarren.

3:15 Uhr
ich saß immer noch da
zündete alte
Zigarrenstummel an
und trank Ale.

Das neue Blatt Papier
war noch immer leer.

Ich machte die Lichter aus
wankte ins Schlafzimmer
ließ mich
in voller Montur
aufs Bett fallen

und konnte das Rauschen
der Klospülung hören,

aber nicht aufstehen
und hingehen
um das Geräusch abzustellen

mein gottverdammtes
Rohr war verstopft.

Gnadenlos wie eine Tarantel

In manchen Cafés in Europa
wird mit allen Mitteln verhindert,
dass man sich in der frühen Nachmittagssonne
an die Tische in der ersten Reihe setzt.
Tut man's trotzdem
kommt garantiert irgendwer vorbeigerauscht
und durchsiebt dir deine Eingeweide
mit der Maschinenpistole.

Völlig ausgeschlossen
sich irgendwo
für einen längeren Moment wohlzufühlen,
alle verhindern,
dass man irgendwo entspannt rumsitzt
und statt sich zu verpissen
zwingen sie dich, sich an ihre
Methoden anzupassen.

Diese Frustrierten, Verbitterten
Rachsüchtigen
brauchen ihren Kick – und der
bist du oder sonst irgendjemand
der in Agonie oder am besten schon
tot in irgendeinem Loch
versunken ist.

Solange es solche Menschen gibt,
wird es auf diesem Planeten (oder wohin auch immer
man flüchten könnte)
für kein Individuum
jemals Frieden geben.

Sich zehn glückliche Minuten
oder vielleicht sogar eine ganze
Stunde
zu schnappen
ist alles, was man tun kann.

Genau
in diesem Augenblick
arbeitet irgendetwas
gegen dich.
Ja, ich meine dich
und nur dich.

Hä?

In
Deutschland, Frankreich oder Italien
kann es vorkommen,
dass mich auf der Straße
lachende Männer
und kichernde Frauen verfolgen
und alte Ladies
ihre Nase rümpfen …

In Amerika
hingegen
bin ich nur ein alter Mann,
der macht,
was alte Männer
nun mal so machen.

Das hat aber auch seine Vorteile:
Hier kann ich meine Hosen
in die Reinigung bringen,
und völlig unbehelligt
an der Supermarktkasse stehen:
die Götter haben mir
freundlicherweise
eine gewisse Anonymität
zugestanden.

Manchmal
wenn ich mich frage,
wem ich
meine Popularität
im Ausland
zu verdanken habe,

fällt mir eigentlich nur ein,
dass ich offenbar ein paar
verdammt gute
Übersetzer
habe.

Ihnen sollte ich
meine Sackhaare
vermachen
oder
vielleicht

sogar
den

ganzen Sack.

Lustig, oder? Nr. 1

Wir standen
auf dieser Geburtstagsparty
in diesem schicken
Restaurant herum

es waren viele
besondere Menschen da
die ihre Berühmtheit zur Schau
stellten

und ich wollte einfach
nur weg

aber dann sagte ein Typ,
der in der Nähe stand
etwas, das die Situation
auf den Punkt brachte.

»Hey«, sagte ich zu meiner Frau,
»dieser Typ hat was. Wenn wir
gleich zu unseren Plätze gehen,
sollten wir versuchen,
neben ihm zu sitzen.«

Gesagt, getan und
als die Gläser gefüllt wurden
fing der Mann an
zu erzählen.

Er erzählte eine
lange Geschichte
die natürlich auch
eine Pointe
hatte

dumm nur, dass
ich sofort wusste
worauf die
Pointe hinauslief

und er
redete
und redete

und dann
kam die Pointe.

»Scheiße«, sagte
ich zu ihm, das war
echt völlig daneben, du hast
mich schwer
enttäuscht …«

Dann erzählte er
einfach
eine neue
Story.

Ich ging rüber
zu einem
anderen Tisch
und stand hinter dem
Typen, der sich
mittlerweile
als berühmter
Schauspieler ausgab.

»Hör mal,
als ich dich
zum ersten Mal
gesehen habe,
warst du
ein sympathischer
deutscher Junge,
aber jetzt bist du
nur noch ein aufgeblasenes
Arschloch. Du hast mich
schwer enttäuscht.«

Der berühmte Schauspieler
(der fast nur
aus Muskeln bestand)
brummte nur
und zuckte die Achseln.

Ich ging rüber zum
Tisch, an dem die
Geburtstagslady
mit diesen
Medienfuzzies saß.

»Wenn ich euch alle
so ansehe«, sagte ich,
»könnte ich kotzen,
ihr seid so
durch und durch
verlogen!«

»Oh«, sagte die Lady
zu ihren Gästen,
»solche Sachen
sagt er *dauernd!*«

und quittierte es
mit einem Lachen,
die arme Sau.

Ich sagte,
»alles Gute zum Geburtstag,
aber ich hab dich gewarnt,
mich nicht zu sowas einzuladen.«

Ich ging wieder
zurück an meinen Tisch
und machte dem Kellner
ein Zeichen,
mir noch einen
Drink zu bringen.

Der Typ
erzählte
noch eine Geschichte

aber die war
nicht halb
so gut

wie diese hier.

Lustig, oder? Nr. 2

Als wir noch Kinder waren
und auf unseren Bäuchen
auf der Wiese lagen

redeten wir oft darüber
wie wir gerne sterben würden

und waren uns
einig:

wir wollten
beim Ficken sterben

(obwohl noch
keiner
von uns
jemals
gefickt
hatte)

inzwischen
da wir schon
lange
keine Kinder
mehr sind

denken wir eher daran
wie wir nicht sterben
wollen

aber jetzt,
wo wir wissen
wie es läuft

würden die meisten
von uns
am liebsten
allein

unter
der Bettdecke
sterben

jetzt, wo
die meisten
von uns

ihr
halbes Leben
verfickt
haben.

Die schöne Redakteurin

Sie war eine schöne Frau, ich kannte sie von
Fotos aus den damals angesagten
Literaturzeitschriften.

Ich war jung und immer allein – ich dachte, ich
bräuchte die Zeit, um etwas auf die Reihe zu kriegen
und Armut schien mir der einzige Weg,
Zeit zu schinden.

Ich arbeitete nicht handwerklich, sondern
eher gegen das, was mich an den
Rand des Wahnsinns trieb – es gab zwar
durchaus Glücksmomente, aber ich
war weit davon entfernt, ein
vergnügter Zeitgenosse zu sein.

Ich glaube, ich war alles andere als ein
Weichei, aber irgendwann
haben mich meine Gesundheit und mein
Mut im Stich gelassen.

Und dann kam die Nacht,
in der ich an einem absoluten Tiefpunkt
angelangt war – und sich
Angst, Zweifel und Erniedrigung breitmachten …

Ich schrieb unzählige Briefe, verbrauchte
meine letzten Briefmarken
und erzählte ein paar Auserwählten, ich hätte
einen Fehler gemacht, wäre kurz vorm Verhungern und
befände mich in einer kleinen kalten Bude
in einer fremden Stadt in einem fremden
Bundesstaat in einer ausweglosen Situation.

Ich verschickte die Briefe, wartete ein
paar bange Tage und Nächte
und hoffte sehnsüchtig auf eine
erlösende Antwort.

Es kamen nur zwei Briefe – beide am selben Tag –
ich faltete sie auseinander und schüttelte sie
in der Hoffnung, Geld zu finden, aber da war
keins.

Ein Brief stammte von meinem Vater, der
mir sechs Seiten lang erklärte,
dass ich mir den ganzen Schlamassel, in dem
ich steckte, selbst eingebrockt hätte,
dass ich besser auf ihn hätte hören und
Ingenieur werden sollen, und dass sowieso
kein Mensch das Zeug lesen würde,
das ich schrieb, bla, bla, bla.

Der andere Brief, säuberlich getippt auf edlem
Briefpapier, war von der schönen Redakteurin,
sie schrieb, sie hätte ihr Literaturmagazin
eingestampft,
zu Gott gefunden
und würde jetzt in einem Schloss auf
einem Berg in Italien leben
und den Armen helfen
sie unterschrieb mit ihrem berühmten Namen
und mit »Gott schütze dich« und das
wars.

Keiner kann sich das Leben
in dieser kalten Bude vorstellen
und wie viel lieber ich statt in Atlanta,
in Italien arm gewesen wäre,
vielleicht als armer Landarbeiter oder
als Hund auf ihrer Tagesdecke
oder als Floh auf diesem Hund auf dieser
Tagesdecke: und wie sehr ich mir
nur ein bisschen Wärme gewünscht hätte.

Außer mir hatte die Lady Henry Miller, Sartre, Céline
und andere verlegt.

In einer Welt, in der Millionen hungernder
Landarbeiter
auf den Straßen
dahinsiechen
hätte ich nie um Geld bitten dürfen
und als die Redakteurin einige Jahre später
starb,
fand ich sie immer noch
schön.

Über die PEN-Konferenz

Nimmt man einem Dichter
seine Schreibmaschine weg
kehrt nur
das Leiden wieder
das ihn einst dazu
veranlasst hat
mit dem Schreiben
zu beginnen.

Alle reden zu viel

104 Als mich der Bulle
anhielt
gab ich ihm
meinen
Führerschein.
Er überprüfte
Baujahr
Fahrzeugtyp
und das Nummernschild
von meiner Karre.

Er füllte
den Strafzettel aus
kam auf mich zu
und gab mir
einen Wisch
zum Unterschreiben.

Ich unterschrieb
und er
gab mir
meinen Führerschein
zurück.

»Wie kommt's, dass
Sie nichts
gesagt haben?«
fragte er mich.

Ich zuckte mit
den Schultern.

»Alles klar, Sir«,
sagte er
»schönen Tag
noch
und fahren
Sie vorsichtig.«

Ich entdeckte
eine Schweißperle
auf seiner
Augenbraue
und die Hand
die den Strafzettel hielt
schien zu zittern
oder
bildete
ich mir das
vielleicht
nur ein?

Egal,
ich beobachtete ihn
wie er zu seinem
Motorrad ging
und fuhr weiter …

Polizisten
im Dienst
und Frauen
in Rage
sollten
immer

das letzte
Wort
haben

Eine Abweichung
von diesem
Prinzip
könnte
eventuell
tödliche
Folgen haben:
für mich
oder für sie.

Deshalb
lasse ich
ihnen
ihren
kleinen Triumph
den sie
viel nötiger
haben
als ich.

Das Lied

Julio kam mit seiner Gitarre vorbei und sang
sein neuestes Lied vor.
Julio war berühmt. Er schrieb Songs und veröffentlichte
Bücher mit kleinen Zeichnungen und Gedichten,
die gar nicht mal so übel waren.

Julio sang ein Lied über seine letzte
Liebesaffäre.
Er sang, dass
alles so gut angefangen hätte
und dann die Hölle
gewesen wäre.

Das waren zwar nicht exakt seine Worte
geben aber in etwa den Inhalt wieder.

Julio hörte auf
zu singen.

Dann sagte er: »Ich liebe sie noch immer
und krieg sie einfach nicht aus meinem Kopf.«

»Was soll ich bloß tun?«,
fragte Julio.

»Saufen«, sagte Henry
und füllte das Glas.

Julio starrte
nur auf sein Glas:
»Ich frag mich, was sie gerade macht?«

»Vielleicht hat sie
gerade Oralsex«,
mutmaßte Henry.

Julio packte seine Gitarre
in den Koffer
und ging zur Tür.

Henry begleitete Julio
zu seinem Auto, das
auf der Auffahrt stand.
Es war eine schöne
Mondscheinnacht.

Als Julio seinen Wagen startete
und die Auffahrt runterfuhr
winkte ihm Henry
zum Abschied.

Er ging wieder ins Haus
und setzte sich.

Dann leerte er
das Glas,
das Julio nicht angerührt hatte
und rief sie an.

»Er war gerade hier«, sagte Henry
zu ihr, »er ist ziemlich
am Boden zerstört …«

»Bitte entschuldige«, sagte sie,
»aber ich bin gerade sehr
beschäftigt.«

Sie legte auf.

Und dann schenkte sich Henry
ein eigenes Glas ein
und draußen zirpten die Grillen
ihr eigenes
Lied.

Übung macht den Meister

In unserem runtergekommenen Viertel
hatte ich zwei gute Kumpel
Eugene und Frank
und mit beiden lieferte
ich mir
ein- oder zweimal die Woche
erbitterte Faustkämpfe,
die meistens drei bis vier Stunden dauerten
und mit
zertrümmerten Nasen, aufgeplatzten Lippen, Veilchen,
verstauchten Handgelenken, aufgeschürften Knöcheln
und roten Striemen endeten.

Unsere Eltern hielten sich raus und ließen uns gewähren,
schauten desinteressiert zu und beschäftigten sich
lieber mit ihren Zeitungen, ihren Radios oder ihrem
verkorksten Sexleben.
Sie wurden höchstens wütend,
wenn wir unsere Klamotten verdreckt oder
zerrissen hatten,
dann, aber nur dann, konnten wir unser
blaues Wunder erleben.

Aber Eugene, Frank und ich waren gut trainiert,
wir polterten durch die Nacht, preschten durch die Hecken,
kämpften auf Asphalt und Bürgersteigen
und in fremden Vorgärten und Hinterhöfen
bis die Hunde bellten und die Nachbarn uns anschnauzten.
Wir waren außer Rand und Band
und hörten nicht eher auf
bis wir zum Abendbrot gerufen wurden,
das zu verpassen sich keiner von uns erlauben konnte.

Eugene wurde später Commander in der Navy,
Frank wurde Anwalt am Supreme Court
und ich bastelte an meinen
Gedichten herum.

Liebesgedicht für eine Stripperin

Vor 50 Jahren sah ich den Girls
im *The Burbanks*
und *The Follies* beim Strippen und Arschwackeln zu
es war sehr melancholisch und dramatisch
wenn sich das Licht abwechselnd grün, purpur
oder pink verfärbte
und die Musik laut und beschwingt war
jetzt sitze ich hier in dieser Nacht
rauche, höre klassische Musik
und kann mich immer noch an einige
ihrer Namen erinnern: Darlene, Candy, Jeanette
und Rosalie.
Rosalie war die Beste, sie wusste, wie man's macht
wir rutschten auf unseren Stühlen herum
und waren total gebannt
wenn Rosalie
lang ist's her,
die Einsamen mit ihrer Magie betörte.

Und jetzt, Rosalie,
bist du entweder steinalt
oder längst unter der Erde,
ich war der picklige
Junge
der bei seinem
Alter geschummelt hat
nur um dich
sehen zu können.

Rosalie, du warst großartig
damals 1935
so großartig,

dass ich noch immer
an dich denke
wenn die Lichter gelb
und die Nächte
träge sind.

Jon Edgar Webb

In New Orleans hatte ich eine Lyrikphase, in der
ich diese feisten ungehobelten Zeilen
in die Maschine hackte
und hektoliterweise Bier trank.
Ich hatte meinen Spaß,
mir war, als würde ich mich in einem Irrenhaus austoben,
in meinem Irrenhauskosmos,
wo die Mäuse zwischen leeren
Flaschen rumlagen.
Manchmal ging ich in eine Bar
aber die Leute
die da auf den Stühlen hockten
kotzten mich an
die Typen gingen mir aus dem Weg
und den Weibern fuhr bei meinem Anblick der Schreck
in die Glieder.
Die Leute hinter der Theke forderten mich auf, zu gehen.
Das tat ich und ging mit meinen Sixpacks
zurück in meine Bude
zu den Mäusen und den feisten ungehobelten
Zeilen.

Diese lyrische Phase glich einer Achterbahnfahrt.
Gleich um die Ecke wohnte
ein Verleger
der seine gefräßige Druckmaschine
mit meinen Seiten fütterte
und nichts ablehnte,
und obwohl ich ein Nobody war,
druckte er mein Zeug auf so robustem Papier
als sollte es 2000 Jahre halten.

»Ist das alles?«
fragte dieser Verleger, der auch Lektor
und Drucker war
und keine Miene verzog
wenn ich ihm jeden Morgen
zehn oder zwanzig Seiten brachte.

Dieser verrückte Mistkerl
war selbst
ein lyrisches Gedicht.

Der magische Fluch

Ich habe die Skid-Row immer gehasst
und um die Suppenküchen,
Blutbanken und um die Leute, die
dort immer anstanden,
stets einen großen Bogen gemacht.

Ich war so unglaublich dünn,
dass man kaum meinen Schatten sah
wenn ich mich in der prallen Mittagssonne
zur Seite drehte.

Ich hatte kein Problem damit, solange ich mich von
der Masse fernhielt

aber selbst dort gab es unter all den Versagern
durchaus Erfolgsgeschichten.

Ich glaube nicht, dass ich geisteskrank war,
aber das denken viele Geisteskranke

aber inzwischen
weiß ich,
dass meine Abneigung gegen Menschenmassen
mir den Arsch gerettet hat

und
davon
profitiere ich
bis heute.

Steckt man mich
mit mehr als drei Leuten
in einen Raum
kann ich ziemlich
unangenehm werden.

Einmal habe ich
sogar meine Frau gefragt: »Ich glaube, ich bin krank …
sollte ich vielleicht zum Psychiater gehen?

Stell dir vor, der heilt mich?
Was dann?«

Sie hat mich bloß angeschaut
und das Thema war
ein für alle Mal
erledigt.

Auf Tauchstation

Das Beste daran war,
die Jalousien
runterzulassen,
einen Lappen in die Türklingel
zu stopfen,
das Telefon in den
Kühlschrank zu stellen
und drei bis vier Tage
im Bett zu bleiben.

Und das Zweitbeste
war,
dass
mich
niemand
vermisst hat.

Der Marsch durch Georgia

Wir glühen wie ein Hähnchenflügel,
den irgendjemand draußen auf einem Grill
hat liegen lassen
wir sind unerwünscht und glühend, wir
sind glühend und unerwünscht
wir sind
eine unerwünschte
Glut
und brutzeln und braten
bis auf die Knochen
und unter uns zischt und schwelt
die Glut von Dantes Fegefeuer
und
über dem Himmel erscheint eine offene Hand
und
die Worte weiser Männer verhallen im Nichts
es ist keine schöne Welt, eine schöne Welt ist
das nicht ...

Na los, probier dieses feine
verkohlte Hähnchenflügelgedicht
es ist heiß, es ist zäh, es hat wenig Fleisch
an den Knochen
aber es ist traurig und voller Poesie
und nach ein oder zwei Bissen

gegessen.

Zu Besuch beim berühmten Dichter

Dieser Dichter war schon lange berühmt
und nachdem er ein paar Jahrzehnte
völlig zurückgezogen gelebt hatte
hatte ich das Glück
dass der Dichter
interessiert schien
und mich
in sein Strandappartment einlud.
Er war schwul,
ich hetero,
und schlimmer noch
ich war ein Säufer.

Ich kam rein,
sah mich um
und fragte (als ob ich's nicht wüsste)
»Wo zum Teufel sind
die Weiber?«

Er lächelte nur
und fuhr sich über den Bart.

In seinem Kühlschrank gab es kleine Salatköpfe,
Käse und andere Fressalien.
»He Alter, wo hast du dein
verdammtes Bier versteckt?«,
fragte ich.

Egal,
ich hatte meine eigenen
Flaschen mitgebracht
und machte mir eine auf.

Er geriet in Panik:
»Ich weiß, wie brutal du sein kannst,
wenn du besoffen bist,
hör also sofort auf damit!«

Ich ließ mich auf
seine Couch fallen,
rülpste und lachte: »Bullshit, Baby,
ich tu dir schon nichts! Ha, ha, ha!«

»Du bist zwar ein großer Dichter«, sagte er,
aber als Mensch
eine *absolute* Katastrophe!«

»und genau das gefällt mir
so an mir, Baby!«, sagte ich
und trank weiter.

Plötzlich verschwand er
hinter einer hölzernen
Schiebetür.

»Los, Baby, komm' raus!
Ich tu dir schon nichts.
Wenn du willst,
können wir uns gern
die Nacht mit dieser
Literaturscheiße
um die Ohren schlagen!
Ich werd' dir kein Haar krümmen,
Ehrenwort!«

»Ich trau dir nicht«,
sagte er
mit leiser Stimme.

Ich schüttete schnell
das letzte Bier in mich hinein
und war viel zu besoffen, um
nach Hause zu fahren.

Als ich morgens aufwachte,
stand er über mich gebeugt
und grinste.

»Oh«, sagte ich,
»Hi … «

»War das ernst gemeint,
was du gestern Abend gesagt hast?«, fragte er.

»Hä?, was habichn gesagt?«

»Ich hab die Tür aufgemacht
stand da, du siehst mich
und dann sagtest du
ich würde aussehen
wie ein *Norweger*,
der am Bugsegel eines
riesigen Seefrachters steht! …
Stimmt das?«

»Klar stimmt das …«

Er machte mir heißen Tee
mit Toast
und ich würgte
alles runter.

»Also«, sagte ich,
»gut, dass wir uns
kennen gelernt haben.«

»Das denke ich auch«, sagte er.

Die Tür wurde hinter mir
zugemacht
ich fuhr mit dem Fahrstuhl
nach unten
und nach einem kurzen Marsch
entlang der Strandpromenade
fand ich mein Auto,
stieg ein, fuhr los
und hinterließ,
was man als
guten Draht zwischen
dem berühmten Dichter
und mir bezeichnen könnte.

Wie man
sich doch täuschen kann:

Denn plötzlich fing er an
die infamsten Lügen
über mich zu verbreiten
aber das lasse ich

natürlich nicht
auf mir sitzen.
Dieser Besuch war
genauso verlaufen
wie die Begegnungen
mit anderen
Dichtern davor.

Außerdem
ist es überhaupt
nicht wahr,
dass ich ihn als
Norweger
bezeichnet habe:
ich habe ihn nämlich als
Wikinger* bezeichnet

und es ist
auch nicht wahr,
dass meine Bücher
genau wie seine
ohne seine Hilfe
niemals in der
Penguin Collection of
Modern Poets
erschienen wären.

Wer er war?

Ja klar:
Lamantia.

---

* *Im Original Viking (Wikinger) = Viking Penguin,*
  ein Imprint des Penguin Verlags. AdÜ.

Diesen Mädchen sind wir nach Hause gefolgt

Irene und Louise waren die
hübschesten Mädchen in der Junior Highschool
sie waren Schwestern;
Irene war ein Jahr älter,
ein bisschen größer,
und man hatte
die Qual der Wahl;
sie waren nicht nur hübsch, sondern
umwerfend schön
so schön,
dass sich die Jungs nicht an sie rantrauten,
denn obwohl Irene und Louise überhaupt nicht arrogant,
und sogar freundlicher als die meisten anderen waren,
jagten sie ihnen Angst ein,
sie kleideten sich anders als
die anderen Mädchen:
trugen immer High Heels,
Seidenstrümpfe,
Blusen,
Röcke,
jeden Tag ein neues Outfit.
Eines Nachmittags folgten mein Kumpel Baldy und ich
ihnen nach der Schule bis nach Hause;
wir waren der Schrecken des Schulhofs
und wie nicht anders zu erwarten,
hefteten wir uns an ihre Fersen.
Mann, war das aufregend:
wir liefen drei oder vier Meter hinter ihnen
sagten kein Wort
verfolgten sie
und hatten nur Augen für ihre
sinnlich wiegenden
Hinterteile.

Das fanden wir so aufregend,
dass wir ihnen jeden Tag nach der
Schule bis nach Hause
hinterherliefen.

Wenn die beiden ins Haus gingen
standen wir draußen auf dem Bürgersteig
rauchten unsere Kippen
und unterhielten uns.

»Eines Tages«, sagte ich zu Baldy,
»laden sie uns zu sich ins
Haus ein und dann werden wir sie
flachlegen.«

»Das glaubst du ja wohl selber nicht?«

»Wart's ab.«

Jetzt,
50 Jahre später
kann ich verraten,
dass es dazu nie gekommen ist
– egal, welche Stories wir
unseren Kumpels aufgetischt haben;
aber damals wie heute
sind es Träume,
die einen
am Leben halten.

Randnotiz

Die Blumen brennen
die Berge schmelzen
die Tür steckt in meinem Kopf fest
in Hollywood sind es 39 Grad
der Bote stolpert
und wirft die letzte Nachricht
in ein 400 Meilen tiefes Loch
in der Erde.
Die Filme sind noch schlechter als sonst
und die toten Bücher der toten Männer
sind zu Tode gelesen
die weißen Ratten strampeln
in der Tretmühle
die Bars stinken in sumpfiger Dunkelheit
und die Einsamen lassen die Einsamen unerfüllt.

Es herrscht keine Klarheit
und es sollte auch niemals Klarheit herrschen.

Es heißt, die Sonne wird verschwinden,
warten wir's mal ab.

Der Braten bellt wie ein Hund.

Hätte ich eine Großmutter
würde meine Großmutter
deine Großmutter auspeitschen.

Freier Fall
freier Dreck
Scheiße kostet Geld,
musst dir nur die Anzeigen mit den
Sonderangeboten anschauen …

alle singen im Chor
und aus heiseren Kehlen
ertönen trotz stundenlanger Übung
grauenhafte Stimmen.

Die reinste Zeitverschwendung.
Bedauern ist *häufig* eine Folge
von Faulheit.
Der Geist bellt wie ein Hund.
Reich mal den Braten rüber.

Der Weg in die Vergessenheit ist
vorprogrammiert.
Termin für die nächste Ablesung des Stromzählers:
20. JUNI

und ich fühle mich prächtig.

Ein gewöhnliches Gedicht

Da du sowieso nicht eher Ruhe gibst,
gebe ich zu, dass ich Shakespeare noch nie
ausstehen konnte, ebenso wenig wie
Browning, die Schwestern Brontë,
Tolstoi, Baseball, den Sommer am Strand, Armdrücken,
Hockey, Thomas Mann, Vivaldi, Winston Churchill,
Dudley Moore, den freien Vers,
Pizza, Bowling, die Olympischen Spiele, die drei Stooges,
die Marx Brothers, Ives, Al Jolson, Bob Hope,
Frank Sinatra, Micky Maus, Basketball, Väter, Mütter,
Cousinen, Ehefrauen, dahergelaufene Weiber (obwohl
immer noch besser als die davor genannten),
genauso wenig mag ich die Nußknackersuite,
die Academy Awards,
Hawthorne,
Melville, Kürbispastete, Silvester, Weihnachten, den 1. Mai,
den 4. Juli, Thanksgiving, Karfreitag, The Who,
Bacon, Dr. Spock, Blackstone und Berlioz,
Franz Liszt, Nylonstrümpfe,
Läuse, Flöhe, Goldfische, Krebse, Spinnen,
Kriegshelden, Raumschiffe, Kamele (Kamele
sind mir suspekt) oder die Bibel,
Updike, Erica Jong, Gregory Corso,
Barkeeper, Fruchtfliegen, Jane Fonda,
Kirchen, Hochzeiten, Geburtstage, Nachrichtensendungen,
Wachhunde, Kleinkalibergewehre, Henry Fonda
all die Frauen, die mich hätten lieben sollen,
es aber nicht getan haben,
den ersten und den letzten Frühlingstag,
die erste Zeile von diesem Gedicht
und die, die
du gerade
liest.

Alt und versoffen

Ja, mein Freund, es ist schlimm,
sogar schlimmer als schlimm –
alles läuft prima,
die Flasche geleert
und weg damit –
die Gedichte brodeln in meinem
Schädel,
aber
auf halber Strecke zwischen 60 und
70
überlegt man manchmal,
bevor man die zweite Flasche aufmacht –
manchmal aber
auch nicht,
aber nach 50 Jahren
Saufmarathon,
fragt man sich schon,
ob man
nach der nächsten Flasche
vielleicht lallend
in einem Pflegeheim landet
oder einsam zuhause
an einem
Herzinfarkt verreckt
und einem die Katzen das Fleisch abnagen,
während der Morgennebel
durch die kaputte
Fensterscheibe dringt.

An die Leber
denkt man am allerwenigsten
und wenn die Leber nicht
an uns denkt,
umso besser.

Mir kommt es vor
dass die Wörter leichter sprudeln
je mehr man trinkt

Der Tod ist nebensächlich,
aber diese schrecklichen
Nahtoderfahrungen sind
mehr als unangenehm.

Ich beende den Tag
mit
Bier.

Jagt sie in die Luft

Los, lass uns die Bomben zünden
ich hab die Nase voll vom Warten

ich habe mein Spielzeug eingemottet
die Landkarten zusammengefaltet
mein *Time*-Abo gekündigt
und Disneyland Lebewohl gesagt

ich hab meinen Katzen die Flohhalsbänder abgemacht
den Fernseher ausgesteckt
und träume nicht mehr von rosa Flamingos
und verfolge auch nicht mehr die Aktienkurse

wir sollten sie in die Luft jagen
lass uns die Bombe zünden

ich hab die Nase voll vom Warten

Ich hasse diese Art der Erpressung
ich hasse Regierungen, die mein Leben verpfuschen:
kommt endlich in die Gänge
es kotzt mich an, zu warten
es kotzt mich an, mich hinhalten zu lassen
es kotzt mich an, in der Klemme zu sitzen

jagt endlich die Bomben in die Luft

ihr erbärmlich wehleidigen und feigen Völker
ihr hirnlosen Giganten

tut es
tut es
tut es!

und verpisst euch auf eure Planeten und Raumstationen
wo ihr auch weiterhin
eure Scheiße bauen könnt.

Manchmal ist Alleinsein die beste Lösung

Als ich ein hungernder Schriftsteller war,
habe ich die wichtigsten Schriftsteller
in den
wichtigsten Literaturmagazinen (in der Bibliothek,
versteht sich) gelesen und es verdarb mir
jedes Mal die gute Laune,
denn als Student des Wortes und der Methodik
stellte ich schnell fest,
dass ihre Texte der absolute Beschiss waren: Ich konnte
jede falsche Emotion und jede Heuchelei spüren
und es kam mir vor, als hätte man den
Herausgebern ins Gehirn
geschissen oder weichgekocht,
damit sie diesen unsäglichen Mist drucken
aber
ich schrieb trotzdem viel und aß wenig –
und magerte
von 88 Kilo auf 60 Kilo ab –
und war Weltmeister im Tippen und im Lesen von
schriftlichen Absagen.

Als ich nur noch 60 Kilo wog, sagte ich mir, Scheiß drauf,
hörte auf
zu tippen und verlegte mich auf's
Saufen, auf die Straße und auf
die Ladies von
der Straße – die lasen wenigstens kein
Harper's, The Atlantic oder
Poetry, a magazine of verse.

Diese zehn Jahre Pause waren
zugegebenermaßen
sehr erholsam und angenehm
aber dann wagte ich einen Neuanfang und
stellte fest, dass man den Herausgebern immer
noch
ins Hirn geschissen hatte und/oder etc.
aber mittlerweile wog ich 100 Kilo
war ausgeglichen
voll mit guten Schwingungen –

und bereit für einen neuen
Schuss ins Blaue.

Heiß

Da ist Feuer in den Fingern, da ist Feuer
in den Schuhen und da ist Feuer
beim Durchqueren des Zimmers
da ist Feuer in den Augen des Katers und Feuer in
seinen Klöten und
die Armbanduhr windet sich wie eine Schlange
die Rückseite der Frisierkommode
entlang
im Kühlschrank stehen 9000 gefrorene
rotglühende Träume und wenn
ich mir die Sinfonien toter Komponisten anhöre
bin ich durch eine fröhliche Traurigkeit wie ausgelaugt
da ist Feuer in den Wänden
und die Schlangen im Garten wollen bloß Liebe
da ist Feuer in der Fingerhirse
wir brennen brennen brennen
da ist Feuer im Wasserglas
die indischen Grabsteine grinsen
wie verliebte Arschlöcher
die einsamen Politessen heulen nachts um eins im Regen
da ist Feuer in den Rissen im Bürgersteig
und
ich habe die ganze Nacht durchgesoffen und
diese elf oder zwölf Gedichte getippt
die Straßenlaternen sind an- und ausgegangen
und draußen blies ein heftiger Wind
und ich
habe hier in der Dunkelheit gesessen
die elektrische Schreibmaschine (haha!) war aus,
Lichter aus, Radio aus
habe in der Dunkelheit gesoffen

und mit einem Streichholz
Zigaretten angezündet
wir brennen alle miteinander
brennende Brüder und Schwestern,
ich mag das, ich mag das, ich mag
das.

Dies

Besoffen vor der Schreibmaschine zu
sitzen ist besser als alle Frauen,
die ich persönlich, vom Sehen oder
vom Hörensagen gekannt habe
als da wären
Jeanne d'Arc, Kleopatra, Garbo, Harlow, M.M. oder
irgendeine von den Tausenden, die über den Bildschirm
geflimmert und wieder verschwunden sind
oder diese entzückenden Girls, die ich auf
Parkbänken, im Bus, beim Tanzen, auf Partys oder
Schönheitswettbewerben, in Cafés, im Zirkus, bei
Paraden, in Kaufhäusern, beim Tontaubenschießen,
bei Ballonfahrten, Autorennen, Rodeos, Stierkämpfen,
beim Schlammcatchen, bei Skatewettbewerben oder
beim Kuchenbacken, in Kirchen, beim Volleyballspielen,
bei Bootsrennen, auf Jahrmärkten,
Rockkonzerten, im
Knast, im Waschsalon oder sonstwo gesehen habe.

Besoffen vor dieser Schreibmaschine zu
sitzen, ist besser als jede Frau,
die ich jemals gesehen oder
gekannt habe.

Irgendwann verfasse ich eine Fibel
für verkrüppelte Heilige, aber inzwischen …

Die Bombe befindet sich den Händen einer
aussterbenden Spezies
und du willst nur
dass ich
mit Popcorn und Dr. Pepper
neben dir sitze
und sich diese öden Leinwandgebisse
über meine Gebeine hermachen.

Meine Angst vor dieser Bombe hält sich
in Grenzen – die Irrenhäuser sind sowieso
schon überfüllt
und ich werde nie vergessen,
wie ich immer ins Badezimmer gegangen bin
und mir einen runtergeholt habe
nachdem ich den besten Arsch der Welt
vernascht hatte – schwierig, einen Mann wie mich
mit einer Bombe
zu killen?

Egal,
endlich habe ich R. Jeffers und Céline
von meinem Glockenturm gestoßen
und sitze hier allein
mit dir und
Dostojewski.
Das echte und das künstliche Herz
hungern,
und zögern …
ich liebe dich, aber
weiß nicht, was ich tun
soll.

Spätes, sehr sehr spätes Gedicht

Du denkst an die Zeit in
Malibu
wo du das Riesenmädchen
zu Drinks und Essen eingeladen hast
und in die VW-Werkstatt gegangen bist
weil die Kupplung
im Eimer war
(keine Karte vom Autoclub)
da draußen war nichts als
der Ozean
und 25 Meilen
bis zu deiner
Bude
(und ihr Koffer
nach einem Flug von irgendwo
in Texas)
und du zu ihr sagtest, »vielleicht schwimmen
wir zurück«, und
sie zu lächeln
vergaß.

Aber dann die Probleme beim
Schreiben dieser Gedichte
wenn du schon 7 oder
8 oder 9 getippt und
um fast drei Uhr morgens
die zweite Flasche aufmachst
und versuchst, deine Kippe
mit einem Album
voller Briefmarken
anzuzünden
und der Papierkorb
bereits in Flammen steht,

aus dem Radio
klassische Musik dröhnt,
und feststellst,
dass das Tippen
zwar noch großen
Spaß macht
aber
immer inhaltsloser
wird.

Hilfe erbeten

Ich war ein besessener junger Mann
und entdeckte dieses Buch,
geschrieben
von einem besessenen alten Mann, und es
ging mir gleich viel besser, denn er
konnte die Dinge auf den Punkt bringen
dann fand ich ein älteres Buch
vom selben besessenen alten
Mann
der mir jetzt allerdings
nicht mehr besessen, sondern
nur noch langweilig vorkam –
für gewisse Zeit haben wir uns ganz gut
im Griff, aber unsere angeborenen
Fehler und Unzulänglichkeiten versetzen manche von uns
quasi über Nacht
in einen an Inkontinenz grenzenden Zustand
dessen Folgen für unseren Verstand
kaum auszuhalten sind.

Zum Glück kenne ich ein paar andere besessene Typen,
die
sich bis an ihr Lebensende
treu geblieben sind.

Das ist viel unterhaltsamer und macht das
Leben lebenswerter
während wir auf unsere
düstersten
Aufgaben
warten.

Ihre Todesangst erstickt unser Lachen

Während das Kind die Straße überquert,
die Tiefseetaucher tauchen,
die Maler malen –
ist der Kampf für das Gute entgegen
allen Erwartungen
zur gleichen Zeit Rechtfertigung und Ruhm,
und als die Schwalbe dem Mond entgegenfliegt
ist es jetzt dunkel wegen all der
traurigen Menschen.
Man hat sie reingelegt und
ihnen beigebracht, auf das Höchste zu warten,
auch wenn man ihnen nichts
versprochen hat
jetzt heulen die jungen Dinger allein
in ihren winzigen Zimmern
und alte wütende Männer erheben
ihre Stöcke gegen Wunschbilder
während Frauen sich die Haare kämmen
und Ameisen ums Überleben kämpfen
umzingelt uns die Geschichte
und unser Dasein
schleicht sich
beschämt
davon.

Stöcke und Steine

Klagen sind häufig das Ergebnis mangelnder
Anpassungsfähigkeit
an die unerträgliche Einengung durch
diesen gottverdammten Käfig.
Klagen sind ein weitverbreitetes Phänomen
viel verbreiteter als
Hämorrhoiden
und wenn diese Schriftstellerinnen ihre
Schuhe mit den Pfennigabsätzen
nach mir werfen
und rumheulen,
weil ihre Gedichte nie
veröffentlicht werden
gebe ich ihnen immer
diesen einen
guten Tipp:
zeigt mehr Bein
zeigt mehr Arsch –
solange das noch geht
das ist alles, was ihr (oder ich) habt

und zum Dank für diese einfache und
einleuchtende Wahrheit
schreien sie mich an:
WICHSER, SEXISTISCHE DRECKSAU

als ob das was daran ändern würde, wie das Obst
von den Obstbäumen fällt
oder der Ozean die Tannenzapfen und
tote Sporen des griechischen Empire
an Land spült.

Es juckt mich nicht,
wenn man mich als etwas bezeichnet,
das ich nicht bin;
im Gegenteil, das ist so prickelnd wie eine gute
Rückenmassage
in einer frostigen Nacht
hinter einem Skilift
in Aspen.

Nervöse Zeitgenossen

Ich brauch nur ein Teil und gehe in den Laden –
und zum Verkäufer an der Kasse – der weiß nicht, was das
Ding kostet – entschuldigt sich – kommt nach einer
halben Ewigkeit zurück – starrt auf die elektronische
Registrierkasse –
und landet nach einigen Umwegen bei der Information:
47.583,64 Dollar – so viel habe ich nicht dabei – er lacht –
holt Hilfe – ein anderer Verkäufer taucht auf – und hat
Stunden später endlich den richtigen Preis: 1,27 Dollar.
Ich zahle – bitte um eine Plastiktüte – bedanke mich
beim Verkäufer – laufe zum Parkplatz und zu der Lady, die
mich begleitet – »Du machst die Leute nervös«, sagt sie –

Wir fahren mit dem Ding nach Hause –
wollen es ausprobieren – es funktioniert
nicht – das Scheißding ist defekt –
»Ich werde es umtauschen«, sagt sie –

Ich gehe ins Bad und pisse direkt in die Mitte
der Kloschüssel – das war wieder einmal so ein
Kleinkrieg, den ich im Laufe eines ansonsten
passablen Tages ausfechten musste.

Stille

Ich sitze heute Nacht
an diesem
Tisch
am
Fenster

meine Frau
bläst
im Schlafzimmer
Trübsal

es ist
einer ihrer
besonders finsteren
Tage

die gibt es bei
mir auch

aus Rücksicht
auf sie

benutze ich
die
Schreibmaschine
nicht.

Schon komisch,
das Zeug
mit der
Hand zu schreiben

erinnert mich
an vergangene Zeiten
als die Dinge
in anderer Hinsicht
nicht gut liefen.

Jetzt bekomme ich
Besuch
von meiner
Katze

sie wälzt sich
unter dem Tisch
zwischen meinen
Füßen

wir schmelzen
beide
im selben
Feuer

und schlagen uns
immer noch mit diesem
Gedicht herum, nicht wahr
liebe Katze?

Manchen ist es sicherlich
nicht entgangen, dass
es hier ein paar
»Ausrutscher«
gibt.

Aber mit 65
darf ich mir so
manche »Ausrutscher« erlauben,
auch wenn mir diese
verweichlichten Kritiker
noch immer auf die Finger schauen.

Li Po wusste
was zu tun war:
mach noch ne Flasche auf
und trag
die Konsequenzen.

Ich drehe mich nach
rechts, sehe diesen
Riesenschädel (der sich in der
Scheibe spiegelt) ziehe an meiner Kippe

und wir
grinsen uns
an.

Dann
drehe ich
mich um

sitze da
und
fülle das Blatt mit noch mehr
Wörtern

und nie gibt
es das große
Schlusswort

das ist die
List
und die Tücke
die gegen uns
arbeitet

aber
ich fänd's toll
wenn ihr
meine Katze
sehen könntet

sie hat im Gesicht
einen weißen Fleck
in ihrem
ansonsten
orange-gelben
Fell

als ich den Kopf hebe
und in die
Küche schaue

sehe ich einen hellen
Lichtkegel
unter der
Deckenleuchte

der sich mit der Dunkelheit
vermischt

und zu einer noch tieferen
Dunkelheit wird
die ich nicht
durchdringen
kann.

Das gehört nur uns

Zum Glück gibt es diesen kleinen Moment
kurz bevor man uns zu nahe tritt
diese Leere
dieser kleine entspannte Augenblick
diese Atempause
zum Beispiel
kurz bevor wir uns
aufs Bett plumpsen lassen
und an gar nichts denken
oder
uns ein Glas
Leitungswasser
holen
und alles
völlig unspektakulär ist

diese
angenehme und klare
Leere

die das Leben
seit Jahrhunderten

so wertvoll macht

sagen wir

wenn wir uns am Hals kratzen
und die nackten Zweige vor dem Fenster
anschauen

dieser Moment
bevor man uns zu nahe tritt
garantiert
dass sie trotzdem nicht
alles bekommen
wenn es so weit ist

niemals.

July 24, 1975

Hello Benno Käsmayr:

    Yes, I got the check. Very damned good. I like you.
Carl Weisner also had very good words for you
  s
but I wrote him and the letter came back "VACATED."
I miss his soul. If you know####where he is tell him that
I've written and that it has all come back, and that if he
is in trouble please let me know and maybe I can help, maybe
not too much but a bit. Thank you.

    As you know, I was born in Germany, Andernach, 8-16-20,
and it seems so wonderous and strange to me that my words are
now somewhat going back to the country that I came from. I
think that this is the biggest miracle of all my ######
writing and it warms my guts and my toes and my head and
helps me feel good when sometimes I don't feel so good.

    New novel, FACTOTUM, coming out via Black Sparrow in Sept.,
Oct., this year. A very fat son of a bitch. Not War and Peace
size, but almost. Will suggest Martin mail you a copy.
It may not be immortal but it's entertaining. Maybe entertaining
and immoral.

    Have not heard about your agreement with City Lights about
the book of short #######stories. O.k. Great.

               hold,

Augie 8, 1977

Hello Benno:

Thanks for sending the check, it looked good.

It's hot here tonight and I am drinking white wine and smoking small cigars. Nothing literary tonight, just resting my literary ass. The radio is on and my girlfriend is in the other room. I went to the passport office today and got the details and mechanisms straight. I might bounce over to Germany yet and have a beer with you.

Also the Frenchy's are doing some of my things. They've done NOTES and are going ~~####~~into others. There is some talk of getting my ass to Paris. Who knows? The game is getting strange. I hope my head doesn't get any fatter than it is. I've been told that that is impossible.

The new novel WOMEN is at page 326 and I think it's my best work. I am getting **better**, Benno. ah. crap. Who knows? I suppose Black Sparrow will bring it out when it's finished; no, they'll probably wait a year or so. That's all right, I'll go back to the poem or the short story, or I think I'll do a little painting. Haven't done much of that lately. Think I'll do table-size drawings in acrylics. I paint right out of the tube, I use the tube, don't mix colors except on top of each other. The brush it too slow and awkward. sure.

Carl Weissner has had so much to do with my luck in Germany. I'd call him a saint but he's all too real and magic to be a saint. What a human he is--explicitly so.

       all right,
        hold,

Jan. 16, 1979
Hello Benno:

Thank you for the great check! It will certainly help me "hold on".

I am in this ###new big house, old and beautiful with fruit trees and I type upstairs over looking the city. Of course, I am worried about my god damned soul under these new conditions-- better men than myself have been destroyed by a little# luck and a little fame. But, so far, the typewriter continues to function, maybe better than ever.

And I still drink and play the horses and I'm still with Linda Lee so many of the fine things remain the same.

There are some problems with the ###new novel, WOMEN, just out. I have written Carl about it and hope he hasn't started translating yet. The 2nd. edition will have some changes. It's a rather long, sad story, and partly my #####fault.

I am sorry I wasn't very lucid when you phoned. It was around 9 a.m. and I had this horrible hangover, but I'm plenty glad to be #####awakened by the kind of news you gave me. Maybe Carl and I can figure a way to get another Bukowski book in your hands. And as you can see, I still haven't learned how to type....

All good things to you, Benno.

yes, yes,

Hank

11-10-80

Hello Benno:

    I got your check. All hail you and Penthouse!

    Listen, will it be all right if I wait until Jan. 1981 to deposit this check? Please write and let me know.

    Things here are about the same: horses, wine and typing. Got up to page 128 on the new # novel then started writing poems again. Will finish the novel, I guess. But I think if I do I'll have to do a general re-write. But getting it down the first time is where I'll need the luck.

    Linda is fine.

    Got all the extra copies of <u>Ochsentour</u>, ####many thanks.

        hold,

        Hank

        Bukowski

Charles Bukowski im MaroVerlag

These words I write keep me from total madness.

Charles Bukowski

Die Ochsentour
Mit Fotos von Michael Montfort
96 Seiten, Großformat, Sonderpreis 8,00 €
ISBN 978-3-87512-267-1

**Irgendwo in Texas –
Gedichte aus dem Nachlaß**
mit »Ein schlampiger Essay über das
Schreiben und das verfluchte Leben«
160 Seiten · Klappenbroschur, 14,90 €
ISBN 978-3-87512-249-7

**Charles Bukowski
BUK – Von und über Charles Bukowski**
Erweiterte Neuausgabe
Mit Fotos und 5farbigen Zeichnungen von Ch. Bukowski
220 Seiten, 14,– €
ISBN 978-3-87512-236-7

Der Andere · Eine Erzählung
Mit Fotos von Michael Montfort
76 Seiten, 12,– €
ISBN 978-3-87512-255-8

Kaputt in Hollywood · Stories
144 Seiten, 12,– €
ISBN 978-3-87512-099-8

Schlechte Verlierer · Stories
172 Seiten, 12,– €
ISBN 978-3-87512-210-7

Das Leben und Sterben im Uncle Sam Hotel
144 Seiten, 12,– €
ISBN 978-3-87512-098-1

**Gedichte die einer schrieb bevor er im
8. Stockwerk aus dem Fenster sprang**
116 Seiten, 9,90 €
ISBN 978-3-87512-097-4

Wie man sich bettet · 2 Stories
32 Seiten, 5,– €
ISBN 978-3-87512-913-7

Charles Bukowski/Carl Weissner (Hg.)
Terpentin on the Rocks
American Underground Poetry 1966 – 1977
148 S., 14,90 €
ISBN 978-3-87512-262-6

Im guten Buchhandel